재미있는 냅킨 공예

냅킨 스토리

한미경 지음

Napkin Story

저자 프로필

한미경(한채섬)

1994	풀잎문화센터 스텐실 강사 겸 포크아트 초대 회장 역임
1996~2001	호주 워크숍 참가
1997~2004	한국포크아트갤러리협회 전국 순회전 참가
1999~2005	한국포크아트협회 지회장 역임
2001	홈페이지 오픈(www.mirfolkart.com / www.mirfolkartacademy.com)
	대만 데이빗존슨 특강 참가
2002	칼헤인즈 포-피니시 특강 참가
2005	〈재미있는 핸드페인팅 30인전〉 공동 출간
2005~2006	(사)한국수공예협회 수공예박람회 COEX 참가
2006~2008	(사)한국포크아트매니아협회 회장 역임
	차민&미르포크아트 프렌차이즈 공동대표
	(네일아트, 포크아트, 세라믹, 냅킨아트, 폼아트, POP 등)
2007	SBS 방송 〈생활의 달인〉 포크아트 편 출연
2007	세라믹 DUNCAN Ambassador 자격 취득
2008	COEX리빙페어 세라믹 부문 참가
	러시아 Natalia A. Logvinova 수업 이수
2008~2011	포크아트매니아협회 전시회 참가
2009	〈포크아트 이야기 I (기초편)〉 한미경·이정아 출판
2009	냅킨아트와 포크아트를 응용한 수업 시작
2012	현재 포크아트매니아협회 고문

냅킨 스토리
재미있는
냅킨 공예

서문

napkin story

공예는 그 어떤 것도 다 하나라고 생각합니다. 그림을 그리든 구워내든 또는 오려 붙이든 다 똑같은 작업입니다.

세월의 흐름 속에 어떤 공예는 빛을 발하고 어떤 공예는 빛을 잃어갑니다.

포크아트로 한길을 달려온 저에게는 세라믹도 냅킨아트도 또한 같은 의미입니다. 그것은 그림이라는 공통점입니다. 냅킨아트는 그런 이유에서 시작되었습니다. 그림을 잘 그리지 못해도 예쁜 그림을 오리거나 찢어서 작품을 완성한다는 느낌이 좋았거든요.

생각지도 않게 책을 쓰게 된 이유도 그러한 부분을 보완하기 위해서입니다. 그동안 해왔던 수많은 작업 중에서 제가 알고 있는 지식을 조금이나마 여러분과 나누고자 합니다.

여러분들도 이 책을 통해서 더 예쁜 작품을 만드시기를 조심스럽게 기원합니다.

2012년 8월
한 미 경

목차

냅킨 스토리
재미있는
냅킨 공예

napkin story

napkin story

재료 설명

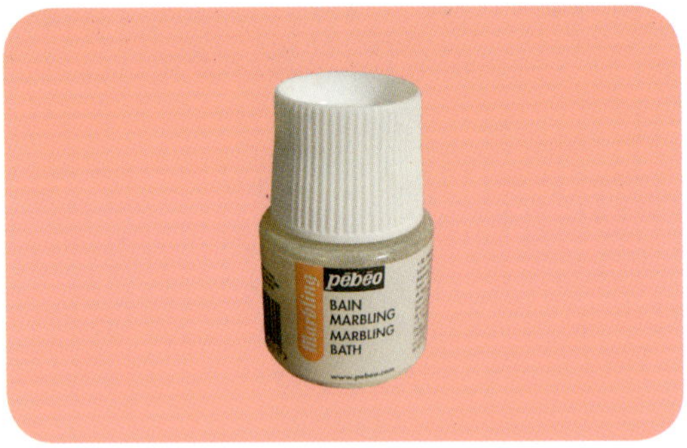

● 마블링 시크너

마블링에 사용하는 부상액이다. 물 1리터에 3티스푼을 잘 풀고 2시간 숙성한다. 부상액을 만든 후 24시간 쓸 수 있다.

● 마블링 물감

옷, 모자, 수건 등 인테리어 장식을 할 수 있는 커튼이나 식탁보 등의 섬유재료와 종이에 염색과 마블링 기법을 할 수 있는 수성 염색 물감이다.

● 하이그로스 레진 <고광택 투명 에폭시 마감제>

나무, 플라스틱, 직물 등 가구나 테이블 상판에 작업하면 유리를 덮은 듯한 효과를 볼 수 있다.

● 스노우 페인트

눈이나 돌 등을 표현할 때 쓴다.

● **하이그로스 바니시**

친환경 광택 마감제로 고급 가구 등에 쓰인다.

● **스프레이**

뿌리는 바니시로 2~3번 뿌려주면 된다.

● **로얄코트**

입체감을 주거나 투명한 마감 효과를 준다.

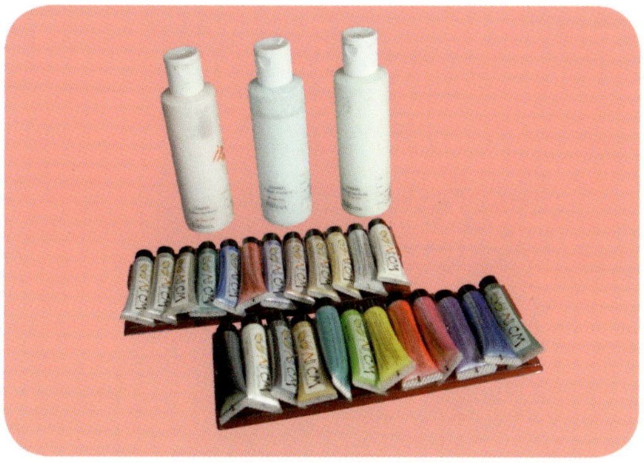

● **물감(올 씨엠, 아크릴)**

아크릴 물감에 천연 페인팅을 섞어서 자연 친화적인 물감이다.

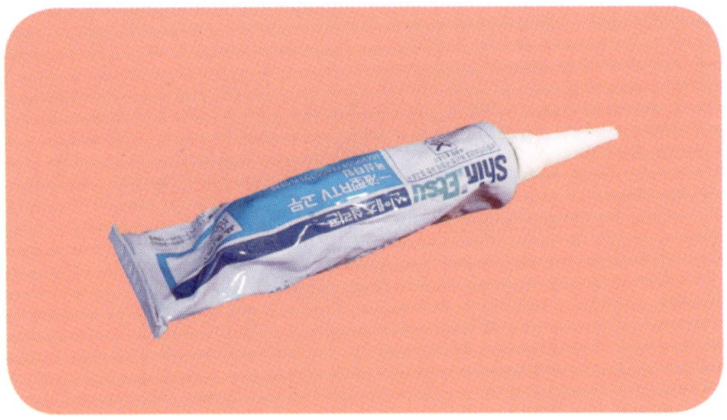

● 실리콘

작은 꽃의 부분부분에 입체감을 줄 때 사용한다.

● 펄가루

그림의 하이라이트 부분이나 전체에 펴 바름으로써 더 화려한 그림을 얻게 된다.

● 스템프

도장으로 된 그림이나 글씨로 쉽게 표현할 수 있다.

● 텍스처 페이스트

모델링 컴파운드와 같은 것으로 그림을 입체적으로 보이게 하는 효과가 있다.

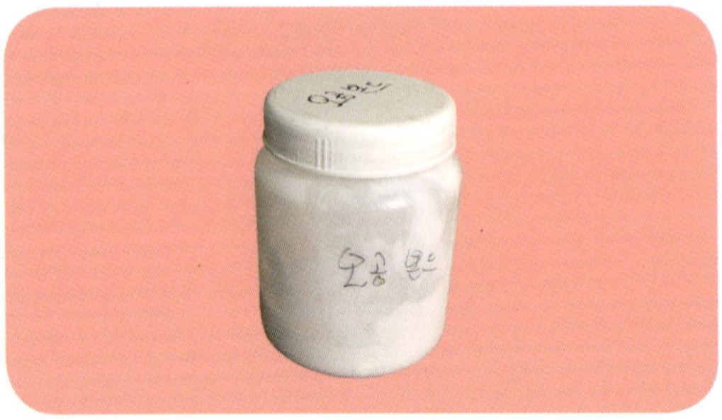

● 오공본드

접착제. 마른 후에 투명해 진다.

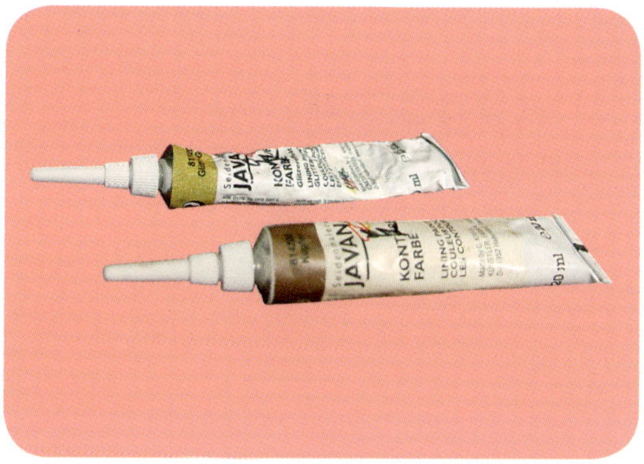

● 직물용 튜브 물감

옷이나 가방 또는 구두 등 라인을 그을 때 사용한다.

● 트레저 골드

여러 가지 색깔이 있어 간편하게 청동기법이나 고급스러운 표현이 가능하다.

● 골드리프

골드리프는 작품의 질을 높이고 여러 가지 효과를 볼 수 있다.

● 메틸알코올

물감을 번지게 하는 느낌을 얻을 수 있다.

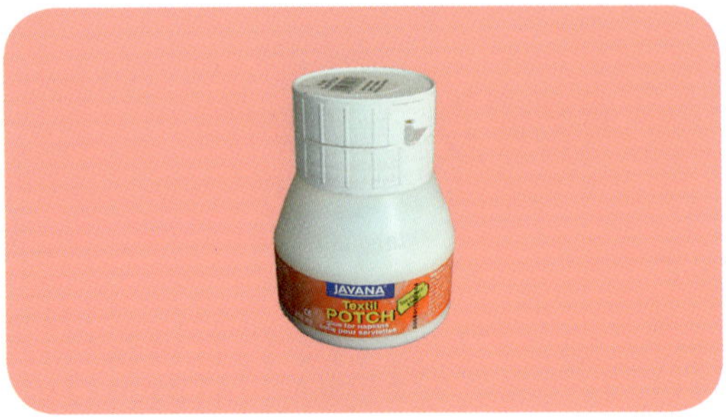

● 직물용 보조제

천에 쓰는 보조제이다.

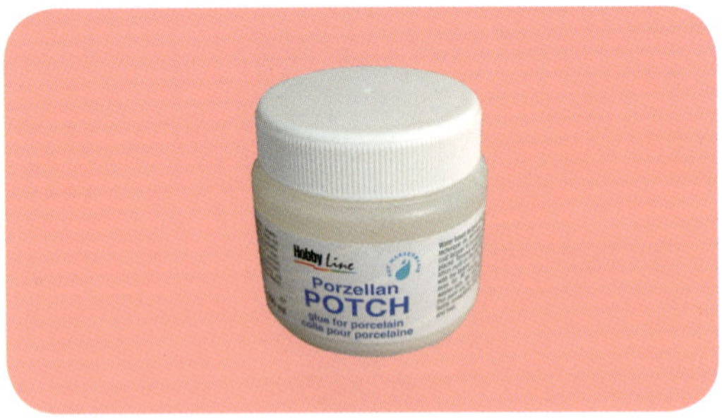

● 세라믹 보조제

유리나 깡통 등에 쓰인다.

● 알파그로스 바니시

광택 효과를 낼 수 있고 내구성을 높이는 데 사용한다. 단 끈적임이 있다.

● 브레이드 〈금줄〉

골드로 라인을 하기 어려울 때 쓰면 효과적이다.

● 테라핀

식물성 기름으로 유화물감을 희석하는 데 사용한다. 휘발성이라 건조 속도가 빠르며 광택이 없는 것이 특징이다.

● 꽃점토, 모델링 클레이

입체감을 얻을 수 있다.

● 다용도 보조제

유리, 깡통, 반재 등 다용도로 쓸 수 있다.

● 해면 스펀지

천연 스펀지로 물속에서 자란다. 기포가 큰 것이 대리석 기법을 할 때 좋다.

● 젯소(화이트)

젯소는 화이트와 블랙 젯소가 있는데, 화이트 젯소는 다용도 보조제와 같이 반재 등에 쓰인다. 물감이 반재에 스미는 것을 막아주고 색을 더 선명하게 해주는 역할을 한다.

● **거위털**

대리석 기법의 깨진 부분을 자연스럽게 그어준다.

● **데코 크랙**

물감과 물감 사이에 칠해 줘야 윗물감이 자연스럽게 깨진다. 단, 겨울에는 따뜻한 곳에 두고 반드시 흔들어서 사용한다.

● **크랙클**

그림을 완성한 후 칠해 주는 보조제로 스스로 깨진다. 크랙클은 오래된 듯한 그림의 느낌을 얻을 수 있다.

● **리타더**

물감이 마르는 것을 지연시킴으로써 또 다른 바탕 기법을 할 수 있게 도와준다.

● **중탕 크랙**

크랙클 미디엄과 비슷한 효과이나 좀 더 고급스러운 느낌을 얻을 수 있다.

● **펄골드**

리치골드나 쿠퍼 등을 이용해서 더 멋진 색을 얻을 수 있다.

● **가구용 광택제 스프레이**

가구를 오래도록 쓸 수 있고 끈적임도 없애준다.

● **자개**

우리나라 전통 공예에서 많이 사용하는 재료이다.

01

냅킨 스토리
재미있는
냅킨 공예

napkin story

말라키트를 이용한 함

< 01

옐로우와 화이트를 섞어서 함 전체에 칠해 준다.

< 02

원하는 모양의 냅킨을 한쪽은 가위로 오려내고 또 한쪽은 물을 묻혀 찢어 낸다.

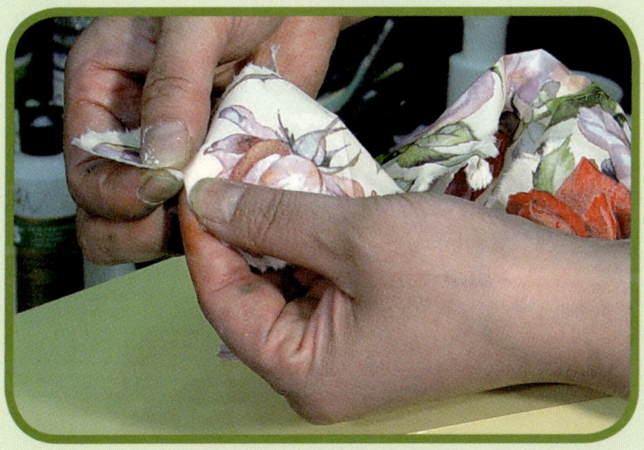

< 03

맨 윗장의 냅킨에 다용도 미디엄을 바르고 어두운 색과 밝은 색에 붙일 모양으로 붙여준다.

< 04

접히지 않게 스펀지를 이용해서 조심스럽게 찍어 주며 붙인다.

< 05

원하는 모양대로 잘 붙여졌는지 다시 한 번 확인한다.

< 06

함의 위쪽 부분에 스톤블루를 깨끗하게 바른다.

< 07

위쪽의 어두운 색과 아래쪽의 밝은 부분으로 장미의 색깔이 더욱 화사해진다.

< 08

뚜껑은 리타더 미디엄을 바른다.

〈 09

포탈로 그린을 지그재그로 칠한다.

〈 10

먼저 칠한 부분의 나머지 부분은 세 그린으로 채워준다.

〈 11

먹 브러시로 전체를 부드럽게 쓸어 준다.

Tip 붓의 거친 부분을 없애기 위해 먹 브러시를 쓴다.

〈 12

명함이나 조금 두툼한 종이를 약간 지그재그로 찢어준다.

13

조개 모양으로 가운데 부분부터 그어 준다.

14

말라키트는 조개 모양이라는 뜻이기 때문에 조개 모양으로 모양을 내주어야 한다.

Tip 조개 모양의 형태를 없애면 안 된다.

15

그림이 완성되면 리타더가 마르기 전에 메틸알코올을 거위털에 묻혀 한두 군데 그어준다.

16

깃털이 지나간 부분은 알콜에 물감이 닦여서 마치 대리석이 깨진 듯하게 보인다.

< 17

면으로 된 천을 잘라서 말라키트 모양을 낸 사이사이에 뜬 부분을 살짝 살짝 찍어낸다.

< 18

뚜껑 꼭지와 사이드 부분은 짙은 초록색으로 칠한다.

< 19

완성이 되면 꼭지 부분에 펄 골드를 손가락으로 문질러 준다.

알/아/두/세/요

- 말라키트의 기본색은 그린색을 쓰지만 그림에 따라서 오렌지와 번트엄버 등을 사용하면 또 다른 느낌의 말라키트 기법을 얻을 수 있다.

02
냅킨 스토리
재미있는
냅킨 공예

napkin story

로시에나 대리석과 장미거울

< 01

전체를 핑크색 컬러로 칠해 준다.

< 02

필요한 부분을 라운드 브러시에 물을 묻혀서 그림 가까이 칠한다.

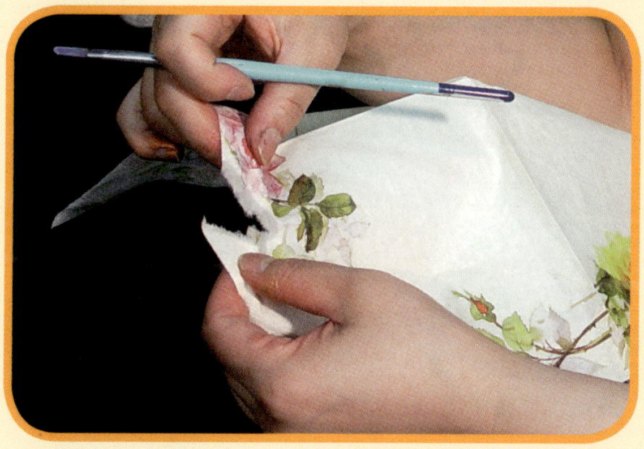

< 03

꽃 가까이 조심해서 찢어준다.

< 04

장미의 모양을 원하는 모양으로 다용도 미디엄을 칠하고 붙여준다.

< 05

거울 밖으로 나온 그림은 잘 마른 후에 사포로 문질러서 떼어낸다.

< 06

바탕색인 핑크색과 화이트를 1:1로 섞은 후 스펀지를 이용해서 장미를 붙인 부분에 찍어줘서 최대한 표시나지 않게 칠한다.

< 07

혹시 붙인 부분이 찢어졌다면 장미색과 비슷한 오렌지와 레드를 이용해서 장미의 찢어진 부분을 그려준다.

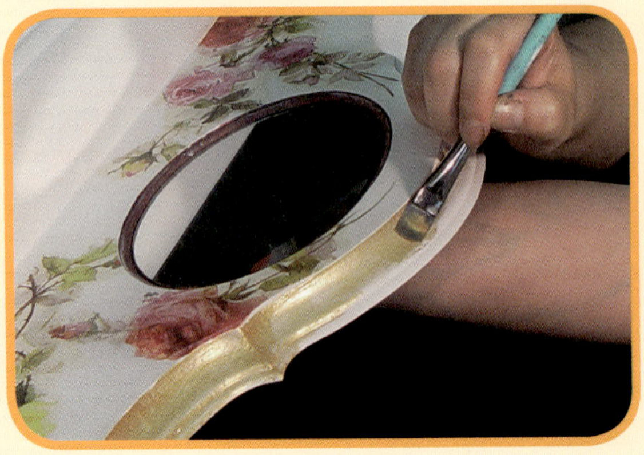

< 08

거울의 테두리를 펄 골드로 칠해 준다.

〈 09

장미의 가장 밝은 부분에 흰색 반짝이를 다용도 미디엄을 묻혀서 살짝 터치한다.
그렇게 하면 장미가 더욱 화려하게 변신한다.

〈 10

장미거울의 위쪽 부분은 로시에나와 리타더 미디엄을 1:1로 섞어서 칠한다.

〈 11

그 위에 번트 시에나를 대리석 모양처럼 사선으로 칠해 준다.

〈 12

먹 브러시로 한 방향으로 쓸어주면서 대리석 모양을 만들어준다.

03

냅킨 스토리
재미있는
냅킨 공예

napkin story

마블링 기법을 이용한 구두

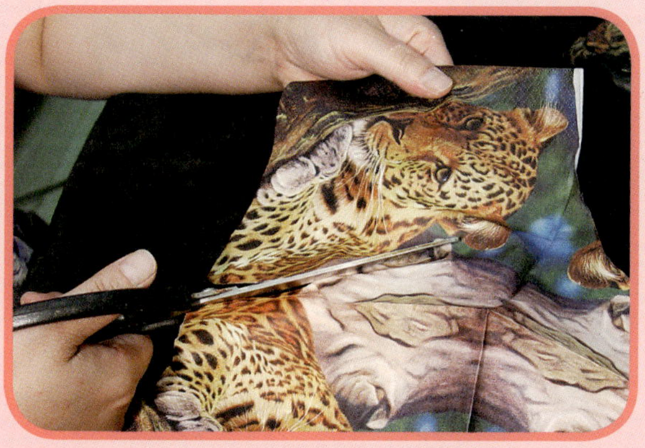

< 01

필요한 부분을 먼저 잘라낸다.

< 02

구두 모양에 맞춰서 물을 묻힌 브러시로 적셔준다.

< 03

조심해서 뜯어낸다.

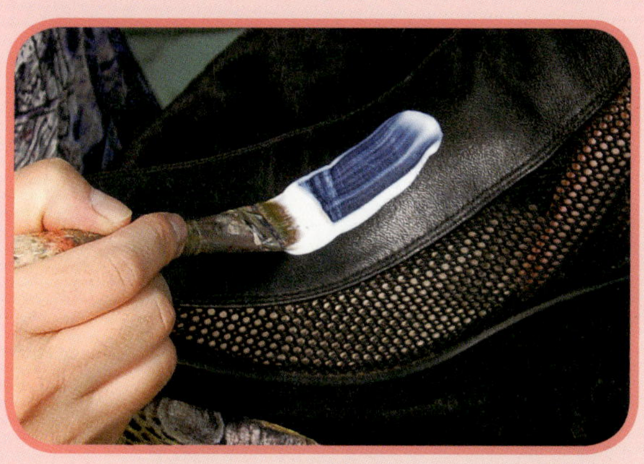

< 04

구두에 직물 보조제를 바른다.

05

그 위에 호랑이 무늬를 붙여주고 잘 붙도록 스펀지로 눌러준다.

06

구두가 잠길 정도의 물을 1리터 준비하고 마블링 시크너를 2~3 티스푼을 잘 풀고 2시간 숙성 후 사용한다.

07

수성 물감 검정색과 노란색을 각각 떨어뜨린다.

08

호랑이 무늬를 생각해서 붉은색 물감도 같은 방법으로 떨어뜨린다.

〈 09

색깔이 잘 안 나오면 다시 한 번 더 떨어뜨린다.

〈 10

원하는 문양이 나올 수 있게 젓가락 등으로 마블링 무늬를 만들어준다.

〈 11

원하는 색이 만들어지면 신발에 모양을 넣고 싶은 부분을 약 15초 정도 담가준다.

〈 12

그림이 없는 구두의 뒷부분도 같은 방법으로 반복해 준다.
마른 수건으로 나머지 흐르는 물감을 찍어낸다.

13

그 이후에는 천을 이용해 물감을 눌러준다.

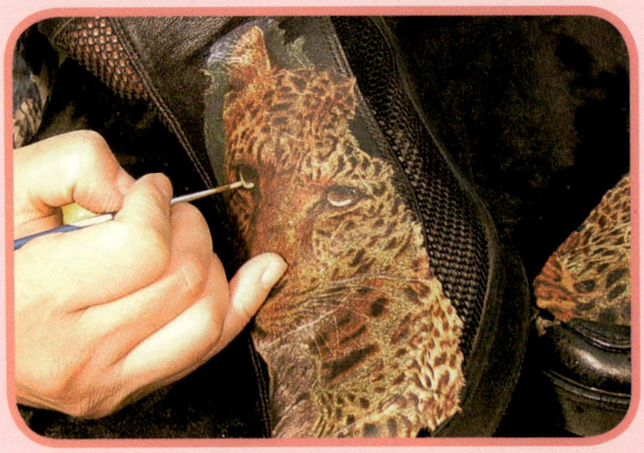

14

호랑이의 눈을 좀 더 강하게 보이기 위해서 노란색 물감으로 눈동자를 그려준다.

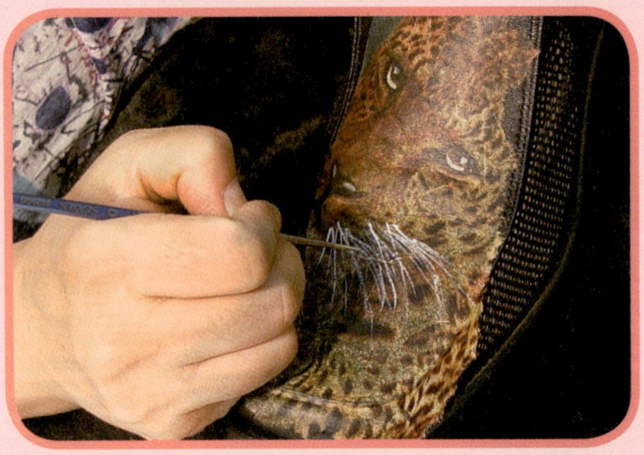

15

호랑이의 수염 역시 흰색으로 터치해 준다.

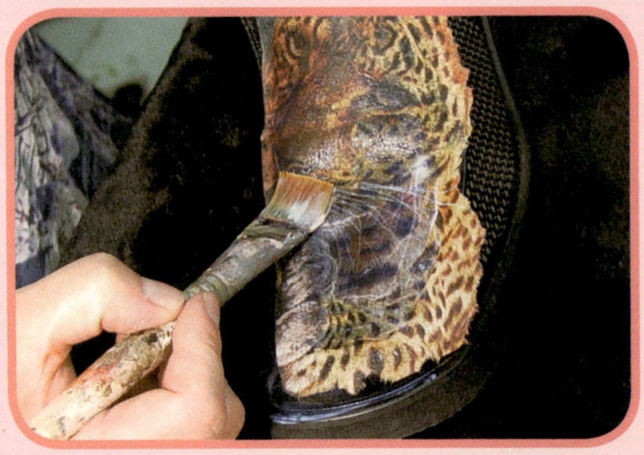

16

완전히 마른 후에 직물용 보조제를 다시 한 번 칠해 준다.

napkin story

그을음을 이용한 물조리개

04

냅킨 스토리 재미있는 냅킨 공예

01

핑크색에 다용도 미디엄을 섞어서 스펀지로 2~3번 칠한다.

02

양초에 불을 붙인 후 드라이버나 뾰족한 물건을 이용해서 그을음을 만들어준다.

03

만지면 그을음이 번지기 때문에 텍사티브를 뿌려 고정시킨다. 텍사티브는 고정시켜주는 역할을 한다.

04

튜울립 꽃 냅킨을 오려서 다용도 미디엄으로 붙여준다.

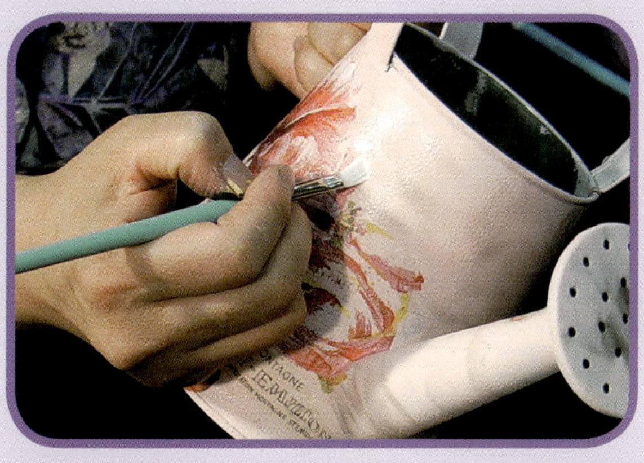

< 05

튜울립의 밝은 부분은 화이트색으로 라운드 브러시를 이용해서 터치해 준다.

< 06

더욱 선명한 튜울립 꽃이 완성되었다. 그 외에 글씨가 들어간 냅킨을 잘라 여기저기 붙이고 바니시를 2~3번 칠해서 완성한다.

05

냅킨 스토리
재미있는
냅킨 공예

napkin story

달걀 껍질을 이용한 휴지 박스

01

달걀 껍질을 깨끗하게 씻어서 말린다.

Tip 속껍질도 제거해 줘야 한다.

02

달걀 껍질을 판에 눌러 깨준다.

03

박스에 오공본드를 칠해 주고 붙인다. 본드 위에 달걀을 올려놓고 직접 눌러서 깨도 된다.

04

잘 붙을 수 있도록 젖은 천으로 눌러 준다.

05

본드가 완전히 마르면 블루 톤의 색을 스펀지에 묻혀서 달걀 껍질 위에 찍어준다.

06

2~3번 찍어서 칠해 줘야 한다.
드라이기를 사용해서 잘 건조시킨다.

07

그 위에 다용도 미디엄을 칠해 주고 해바라기를 오려서 붙인다.

08

그 위에 다용도 미디엄을 다시 한 번 칠해 준다.

< 09

완전히 마른 후에 마감제를 2~3번 칠해 준다.

알/아/두/세/요

- 빈 공간이 많거나 허전하면 꽃을 더 붙이지 말고 글씨 등을 이용해 붙이거나 스템프를 이용해서 찍는 것이 작품의 완성도를 더욱 높일 수 있다.
- 무작정 꽃을 많이 붙이면 지저분해 보일 수 있기 때문이다.

06

냅킨 스토리
재미있는
냅킨 공예

napkin story

천을 이용한 필통 만들기

< 01

광목천의 필통을 준비한다.

< 02

직물용 미디엄을 충분히 바른다.

< 03

조개 모양의 냅킨을 찢어 붙인다.

< 04

그 위에 직물용 미디엄을 2~3번 더 칠해 준다.

05

조개 밑에 비슷한 색깔의 푸른색을 직물용 미디엄과 섞어 칠해 준다. 찢어진 부분을 가려주는 데도 효과적이다.

06

완전히 건조시킨다.

07

나만의 예쁜 필통 완성!

napkin story

프로방스 느낌의 티테이블

07

냅킨 스토리 재미있는 냅킨 공예

01

붙이는 타일을 준비한다.

02

티테이블 싸이즈에 맞게 잘라 붙인 후 타일 사이사이는 타일 본드로 잘 스며들게 바른 후 젖은 물수건으로 잘 닦아준다.
티테이블 가장자리는 연한 녹색으로 칠해 준다.

03

타일본드가 완전히 마른 후 타일과 비슷한 냅킨을 4등분해서 오린다.

04

세라믹 미디엄을 바르고 냅킨을 붙인 후 스펀지로 잘 눌러준다.
냅킨의 사이드 부분은 라운드 브러시에 냅킨색보다 좀 더 진한 색으로 라인을 그어준다.

< 05

손잡이 쪽에는 나이프를 이용해서 번트 엄버 톤으로 마치 벗겨진 느낌으로 칠해 준다.

< 06

그 위에 섞은 레진을 부어준다.

< 07

골고루 잘 흐를 수 있도록 토치를 이용해서 레진을 더 묽게 펴준다.

08

냅킨 스토리
재미있는
냅킨 공예

napkin story

냅킨꽃이 만들기

< 01

화이트를 칠한 후 사포로 잘 문질러 준다.

< 02

냅킨을 물로 적셔서 떼어낸다.

< 03

다용도 미디엄을 칠해 준 후 냅킨의 옆장을 떼어낸 후 붙여준다.

< 04

냅킨 위에 다용도 미디엄을 2번 정도 더 칠해서 고정시킨다.

〈 05

로우 시에나와 화이트를 혼합해서 스펀지로 냅킨과 연결된 부분에 칠해준다.

〈 06

완전히 마르면 냅킨에 있는 쪼개진 선을 똑같이 로우 엄버를 라이너에 묻혀서 연결하며 그려준다.

〈 07

작품이 완성되면 마감제를 2~3번 칠해 준다.

알/아/두/세/요

- 깃털이 아닌 라인으로 선을 긋는다면 한 번에 쭈욱 선을 긋지 말고 약간씩 라이너 브러시를 돌려가며 자연스럽게 그어준다.
- 일자로 단번에 그어준 모양과는 확연히 다른 대리석이 될 것이다.

napkin story

골드리프를 이용한 보석함

09

냅킨 스토리
재미있는
냅킨 공예

< 01

보석함 뚜껑을 화이트로 칠해 주고 사포 #600으로 잘 밀어준다.

< 02

그 위에 골드리프용 미디엄을 칠해 주고 전체적으로 리프를 붙여준다. 그 위에 붙일 코끼리 냅킨을 오려 붙여준다.

< 03

다용도 미디엄을 2번 정도 칠해 주고 잘 말린다.

< 04

번트 엄버를 천을 이용해서 코끼리 주위에 잘 칠해 준다.

〈 05

천을 이용하면 엔틱한 느낌을 더욱 살릴 수 있으므로 절대 붓을 이용하지 않는다.

〈 06

그 위에 그로스 바니시를 2번 정도 칠해 준다.

〈 07

아래 부분은 전체를 짙은 초록색으로 칠해 준다.

〈 08

필름지를 이용해서 냅킨의 모양을 따서 조각칼로 오려낸 뒤 마스킹테이프로 고정시켜 준다.

< 09

그 위에 텍스처 페이스트를 나이프로 올려서 입체감을 준 후 그 위에 냅킨을 붙여준다.

napkin story

양귀비 시계

10

냅킨 스토리
재미있는
냅킨 공예

< 01

옅은 블루색으로 전체를 칠해 준다.

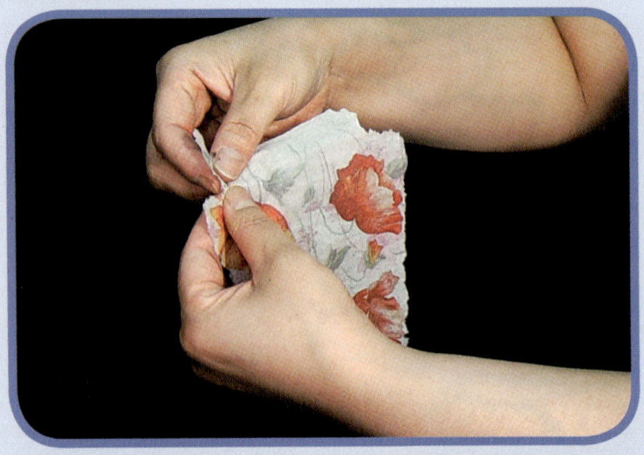

< 02

맨 윗장의 냅킨을 손으로 찢어낸다.

< 03

구도를 잘 잡아서 다용도 실러를 이용해 붙여준다.

< 04

다 붙여지면 그 위에 다시 한 번 미디엄을 칠해 준다.

< 05

완전히 건조되면 스펀지에 화이트를 묻혀서 꽃 전체에 살짝살짝 터치해 부드러운 색으로 표현한다.

< 06

연결이 잘 안 된 부분에는 그린 잎사귀와 보라색의 잎사귀를 연하게 그려준다.

< 07

드라이기로 건조시킨다.

< 08

그 위에 그린 부분이 표나지 않게 화이트 물감을 스펀지에 묻혀 다시 한번 찍어준다.

< 09

테두리는 양귀비꽃과 같은 오렌지색으로 칠해 준다.
천연 마감제로 2~3번 칠해서 완성한다.

알/아/두/세/요

- 냅킨아트는 여러 가지에 쓰일 수 있는데, 마음에 드는 명화라든지 풍경 등을 캠퍼스지에 붙여주면 더욱더 실제 그린 것처럼 표현 가능하다.
- 캠퍼스지를 잘라 쿠션으로 만들 수 있다.
- 캠퍼스지는 알파 그로스 바니시를 20번 정도 칠해 주어야 오래도록 보관할 수 있다.

napkin story

텍스처 페이스트를 이용한 방법 I

11

냅킨 스토리 재미있는 냅킨 공예

〈 01

뚜껑 위에 텍스처 페이스트를 올리고 나이프를 이용해 톡톡 쳐준다.

〈 02

완전히 마른 후 다용도 보조제를 바른다.

〈 03

원하는 냅킨의 맨 윗장을 떼어내 그 위에 붙여준다.

〈 04

완전히 마르면 사포 #600을 이용해 가장자리를 떼어낸다.

< 05

쿠퍼색을 스펀지에 묻혀서 가장자리를 스펀징 해 준다.

< 06

보석함의 아랫부분은 그린색을 평붓을 이용해 라인을 그려준다.

< 07

뚜껑과 어울리는 모양의 작은 꽃들을 가위로 오려 붙여준다.
마무리가 끝나면 천연 마감제를 3번 정도 칠한다.

12

냅킨 스토리
재미있는
냅킨 공예

napkin story

깡통을 이용한 화분

〈 01

핑크색이나 화이트색 물감을 다용도 미디엄과 섞어서 스펀지로 칠해 준다. 붓으로 칠하면 자꾸 벗겨지기 때문에 스펀지가 용이하다.

〈 02

포도 냅킨을 가위로 잘라낸다.

〈 03

라이터를 이용해서 테두리를 불로 그을린다.

〈 04

맨 위쪽의 냅킨을 떼어낸다.

< 05

깡통에 다용도 미디엄을 바른다.

< 06

그 위에 냅킨을 붙이고 다시 한 번 실러를 칠해 준다.
불에 그을린 부분이 약간씩 떼지면서 자연스럽게 옆에 붙는다.

< 07

포도와 어울리는 액세서리 냅킨을 이용해서 붙인 후 스펀지로 눌러준다.

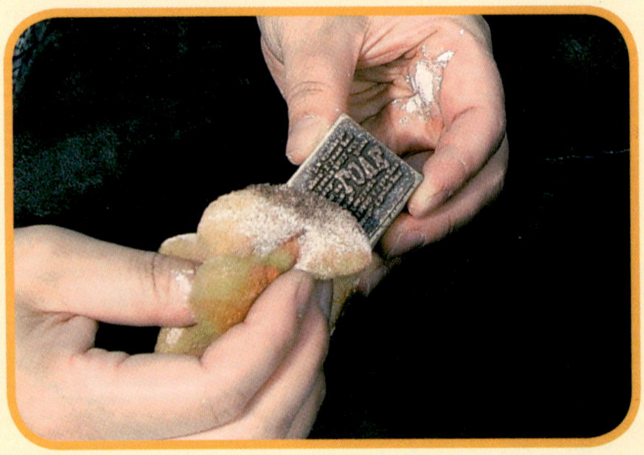

< 08

포도와 어울리는 스템프를 스펀지에 물감을 묻혀 칠한다.

〈 09

원하는 부위 여기저기에 찍어준다.

〈 10

포도알에 로얄 코트를 올려준다.
마르면 그 위에 2~3번 반복해 주면 포도의 입체감을 더욱 살릴 수 있다.

〈 11

위쪽 무늬 부분엔 번트 엄버를 손가락으로 자연스럽게 칠해 주어 전체적으로 어울리게 만든다.
그 위에 바니시를 칠해 준다.

13

냅킨 스토리
재미있는
냅킨 공예

napkin story

랩을 이용한 대리석 스타일의 접시

< 01

접시에 젯소를 칠해 주고 사포 #600 으로 잘 문질러준다.

< 02

그 위에 냅킨 붙일 곳만 빼고 마스킹 테이프를 붙인다.

< 03

사이드 부분에 리타더 미디엄을 골고루 칠해 준다.

< 04

오렌지 톤의 물감을 칠해 준다.

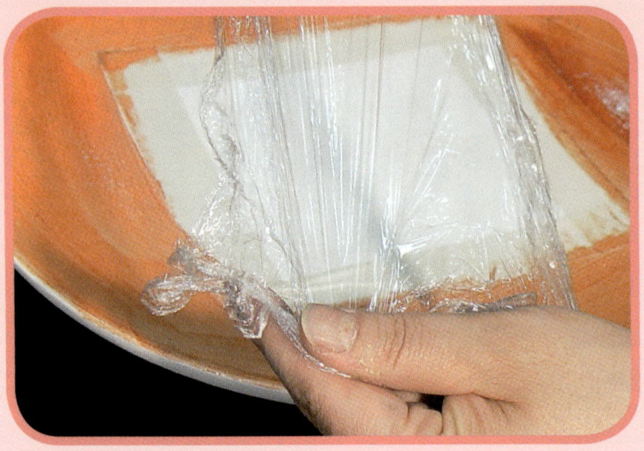

< 05

랩을 이용해서 옆 사진처럼 라인이 생기게 잡는다.

< 06

물감 위에 그대로 내려놓고 문지른다.

< 07

대리석 모양이 나타나면 깃털을 이용해서 번트 시에나로 대리석이 깨진 것처럼 그어준다.

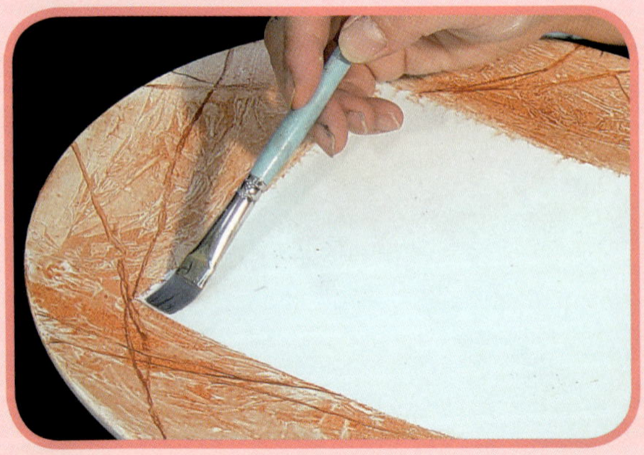

< 08

마스킹 테이프를 떼어낸 후 안쪽으로 스며든 물감을 닦아낸다.

〈 09

원하는 냅킨을 오려서 다용도 미디엄으로 붙여준다.

〈 10

냅킨의 가장자리 부분에 블랙과 골드를 섞어 라운드 브러시로 테두리를 그어준다.

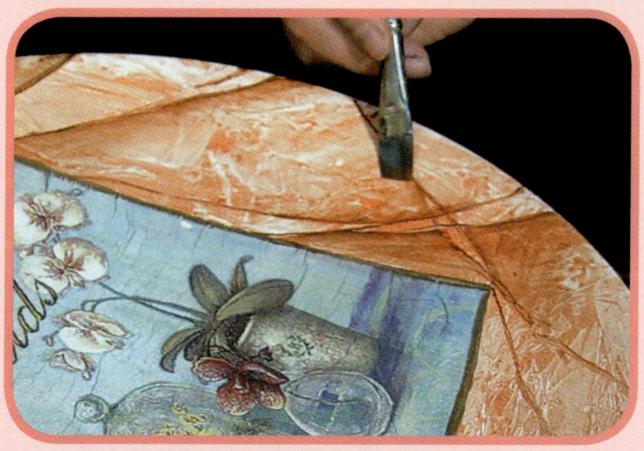

〈 11

대리석 모양의 물감이 완전히 마른 후 번트 엄버로 쉐이딩해서 어두운 부분을 살려준다.

〈 12

반대로 화이트 물감으로 대리석 모양의 밝은 부분을 쉐도우해 주면 대리석 모양이 더욱 선명해진다.

13

테두리는 블랙과 골드를 섞어 스펀지로 쳐준다.

14

완전히 마른 후 레진을 붓을 이용해서 칠해 주면 대리석 모양이 더욱 선명하면서 예쁘게 살아난다.

napkin story

한지 느낌의 나비 보석함

14

냅킨 스토리
재미있는
냅킨 공예

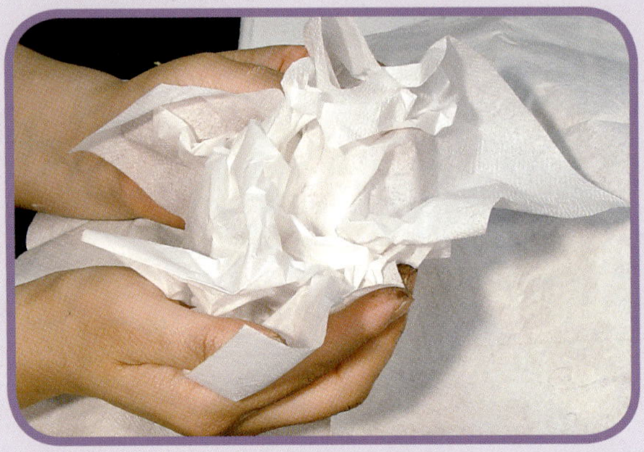

< 01

냅킨의 맨 뒷장을 뜯어내어 구겨준다.

< 02

구겨진 냅킨을 뚜껑에 대고 다용도 실러로 칠해 준다.

< 03

완전히 마르면 그 위에 나비 모양의 냅킨처럼 노란색과 그린색을 각각 스펀지로 돌려가며 칠한다.
가볍게 돌려가며 칠해야 한지 느낌을 그대로 살릴 수 있다.

< 04

나비 모양 냅킨을 그대로 오려준다.

05

다용도 미디엄을 이용해 칠해 준 후 나비를 붙여준다.

06

나비의 더듬이는 번트 시에나를 라이너 브러시로 그려준다.

07

글씨가 쓰여 있는 스템프를 스펀지로 물감을 묻힌 후 원하는 부위에 찍어준다.

08

보석함의 아래쪽도 종이를 구겨서 붙인 후 그린이나 블랙 등의 짙은 색으로 칠해 준다.

09

그 위에 트렌스 골드를 손가락에 묻혀서 칠해 준다.

10

초록색이나 보라색 트렌스 골드를 같은 방법으로 살짝살짝 칠해 준다.
마치 부식된 철 같은 느낌이 들어 멋스럽다.

알/아/두/세/요

- 트렌스 골드가 없다면 일반 물감을 손에 묻히거나 붓에 묻혀서 사용해도 된다.
- 만약 붓을 이용한다면 최대한 힘을 뺀 상태에서 가볍게 터치하듯 칠한다.

napkin story

텍스처 페이스트를 이용한 방법 Ⅱ

15
냅킨 스토리
재미있는
냅킨 공예

01

집 모양의 커피케이스 전체에 텍스처 페이스트를 나이프에 묻혀서 X모양으로 칠해 준다.

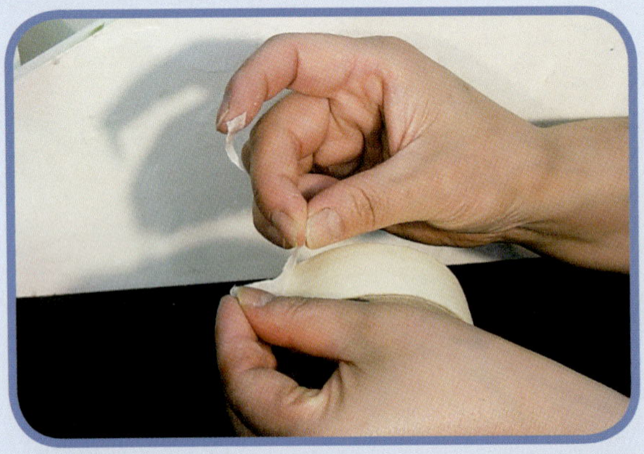

02

집에 벽돌 모양을 만들기 위해 마스킹 테이프를 얇게 찢어준다.

03

벽돌 모양이 자연스럽게 만들어지도록 붙여준다.

04

그 위에 나이프로 텍스처 페이스트를 다시 한 번 덧칠한다.

< 05

텍스처 페이스트가 완전히 마른 후 초록색을 군데군데 칠한다.

< 06

노란색도 그린색과 마찬가지로 칠해 준다.

< 07

벽돌이 만들어진 곳은 스펀지를 이용해서 번트 시에나를 터치해 준다.

< 08

물감이 건조되면 붙였던 마스킹 테이프를 뜯어낸다.

09

집 전체가 나무가 덮인 듯한 느낌의 밑색이 완성된다.

10

전체적으로 화이트를 스펀지에 묻혀 찍어준다.
그래야 자연스런 벽돌이 만들어진다.

11

지붕 모양의 뚜껑은 오렌지색과 노란색에 물을 많이 묻혀서 수채화처럼 칠해 준다.

12

오렌지색에 번트 엄버를 섞어 지붕 밑부분에 어둡게 쉐도우해 주고 노란색도 같은 방법으로 어둡게 쉐도우해 준다.

13

전체 모양이 갖춰졌으면 꽃을 파는 집으로 설정하고 냅킨의 화분 그림 부분을 손으로 찢어준다.

14

그냥 붙이면 재미가 없기 때문에 라이터를 이용해서 냅킨의 가장자리 부분을 태워준다.

15

역시 냅킨의 맨 위쪽 부분을 떼어낸다.

16

예쁘게 태워진 화분 그림 냅킨을 여기저기 붙여준다.

〈 17

창문도 붙여주고 작은 양동이 소품과 화분 소품을 붙여주면 더욱 입체적인 커피케이스가 된다.

알/아/두/세/요

- 이런 집모양을 원한다면 텍스처 페이스트 대신 달걀 껍질을 이용해서 집 담에 돌이 박혀 있는 것 같은 느낌을 얻을 수 있다.
- 그림과 소품 기법 등은 어디에 어떻게 사용해야 하는지가 더욱 중요하다.
- 그렇게 함으로써 그냥 그림을 붙이는 것 이상의 멋진 작품을 만들 수 있다.

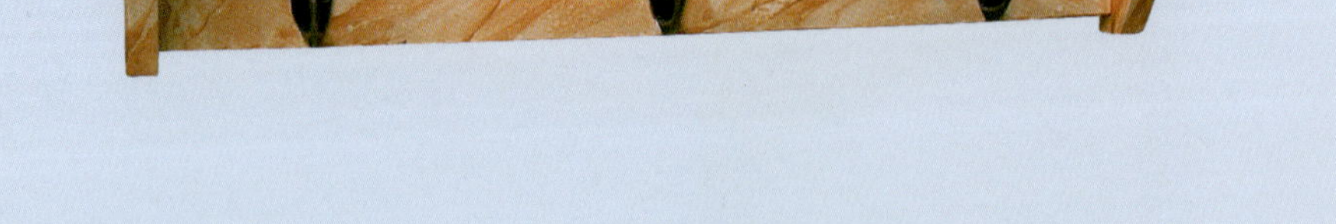

napkin story

아이 옷을 냅킨으로 예쁘게

16
냅킨 스토리
재미있는
냅킨 공예

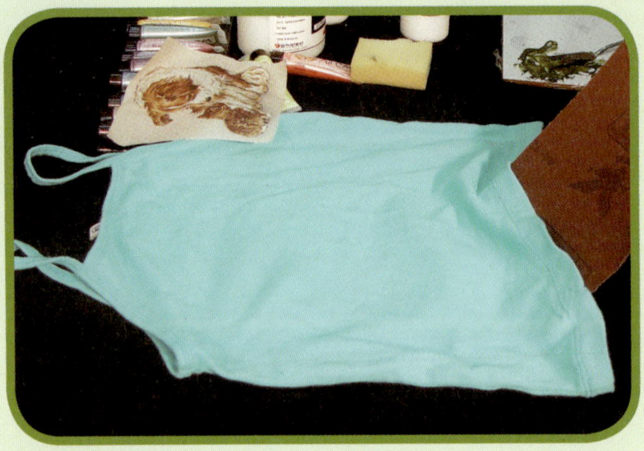

01

먼저 옷 밑에 비닐이나 사포 등으로 물감이 묻어나지 않게 넣어둔다.

02

사포를 넣고 화이트와 직물용 보조제를 1:3으로 섞어 칠한다.

Tip 사포를 넣고 색을 칠하면 밀리지 않고 냅킨을 붙여도 그대로 잘 붙는다.

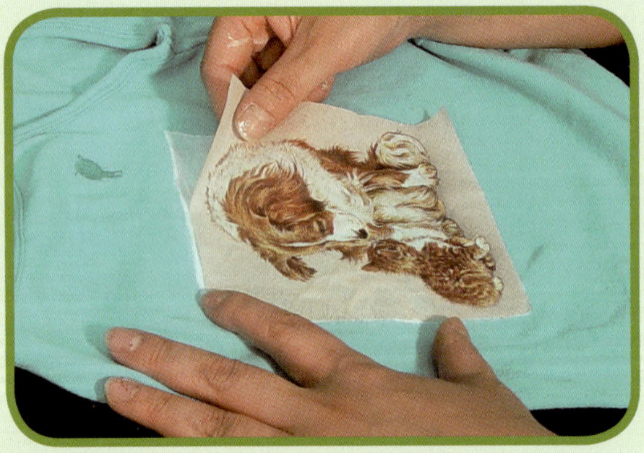

03

아이가 좋아할 동물 모양의 냅킨을 오려서 붙인다.

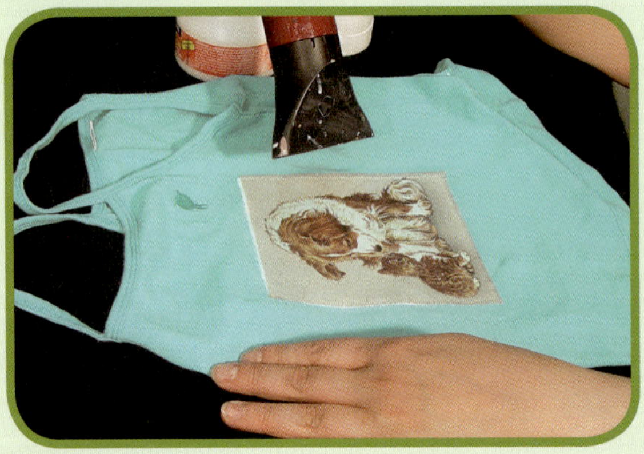

04

그 위에 직물용 보조제를 2번 정도 더 바른다.

05

종이에 그린과 골드를 순서대로 바른다.

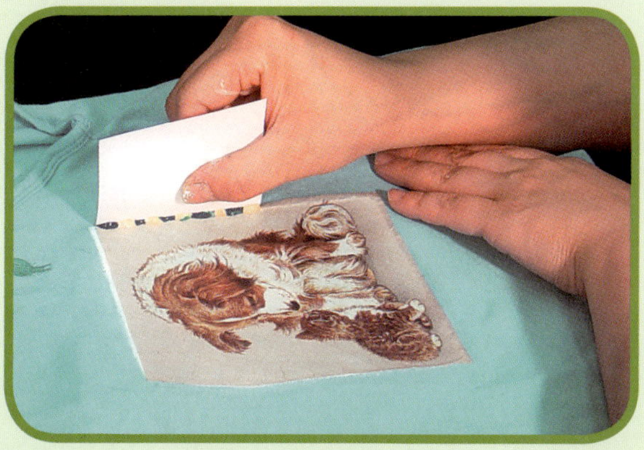

06

냅킨 사이드 위쪽으로 살짝살짝 밀어서 칠해 준다.

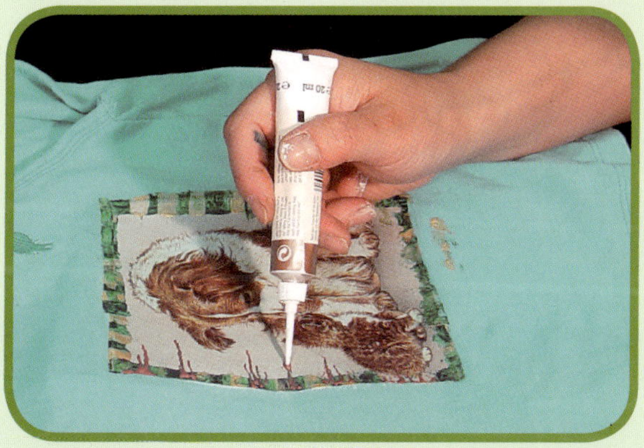

07

직물용 쿠퍼 물감으로 라인과 냅킨 위도 자연스럽게 그어준다.

08

아이 이름을 함께 적어주면 더욱 예쁜 아이 옷을 만들 수 있다.

Tip 3~4일 후에 천을 덮고 다림질을 하고 한 달 정도 있다가 손빨래를 하면 된다.

17

냅킨 스토리
재미있는
냅킨 공예

napkin story

꽃 점토를 이용한 화분 받침

〈 01

화분 받침으로 쓸 부분 전체를 노란색으로 칠한다.

〈 02

호박 그림의 냅킨을 밑쪽은 가위로 잘라내고 위쪽은 손으로 찢어서 다용도 미디엄으로 붙여준다.

〈 03

똑같은 냅킨을 처음과 같은 방법으로 잘라준다.

〈 04

밑에 사포를 깔고 스프레이 바니시로 반복해서 3번 정도 뿌려준다.

〈 05

처음 붙인 냅킨을 잘 붙도록 정리한다.

〈 06

꽃점토 또는 모델링 클레이를 써서 밑에 붙인 호박 모양보다 2mm 정도 작게 모양을 만들어서 올려준다.

〈 07

점토를 올린 후에 오공본드를 칠한다.

〈 08

점토 위에 스프레이 마감제를 뿌린 호박을 잘 붙여준다.

< 09

점토용 기구를 이용해서 호박의 줄무늬를 눌러주어 호박 모양을 잘 살려준다.

< 10

완성됐다면 냅킨의 줄무늬 모양대로 라운드 브러시에 로시에나를 사용해서 줄무늬를 그어준다.
점토가 완전히 마를 때까지 3~4일 기다린 후 바니시를 3번 칠해 준다.

알/아/두/세/요

- 오랫동안 쓰길 원한다면 알파그로스 바니시로 5번 정도 칠해 주고 물사포를 해주고 다시 칠해 주기를 반복한다.
- 물사포를 하는 이유는 마찰력을 더욱 높여주고 밀착시켜서 마감의 강도를 높여주기 때문이다.
- 10번 정도 칠해 주면 10년 이상 그대로 사용할 수 있다.
- 마지막 칠한 다음 물사포를 반드시 해주고 가구용 왁스를 뿌려주면 소품뿐 아니라 가구 등도 끈적임 없이 오래도록 사용할 수 있다.

18

냅킨 스토리
재미있는
냅킨 공예

napkin story

빈 병을 재활용해서 양념통으로

01

빈 병을 잘 씻어서 준비한다.

02

화이트와 옐로우, 그리고 세라믹 미디엄을 섞어 스펀지로 부분부분 칠해 준다.

03

칠한 것이 마르면 세라믹 미디엄을 이용해서 냅킨 붙일 부분을 칠해 준다.

04

양념통에 어울리는 그림을 찢어낸다.

< 05

부분부분 세라믹 미디엄으로 붙여주고 냅킨 위쪽도 2~3번 세라믹 미디엄으로 칠해 준다.

< 06

뚜껑은 번트 엄버색과 다용도 미디엄을 섞어 칠해 준다.

< 07

그 위에 옐로우를 손가락으로 살짝 살짝 칠해 준다.

< 08

병이 완성되면 소금, 후춧가루, 설탕 등의 글씨를 네임텍에 붙여 끈으로 묶어준다.

napkin story

유리볼을 켄들로 만들기

19

냅킨 스토리
재미있는
냅킨 공예

〈 01

원하는 그림을 가위로 오려준다.

〈 02

밑에 사포를 깔아 밀리지 않게 한 뒤 그로스 바니시를 칠해 준다.

〈 03

오려낸 뒤쪽엔 화이트색으로 2번 칠한다.

〈 04

유리볼 안쪽으로 오공본드를 이용해 그림이 앞으로 보이도록 붙여준다.

< 05

볼 안에 붙이는 것이기 때문에 2~3번 꾹꾹 눌러가며 붙여야 한다.

Tip 오공본드는 시간이 지나면 투명해진다.

< 06

어느 정도 본드가 마르면 스펀지에 짙은 청색으로 칠한다.

< 07

그림이 있는 위쪽 부분에 2~3번 반복해서 칠해 줘야 한다.

< 08

물감이 완전히 마른 후 볼 안쪽에 그로스 바니시를 칠해 준다.
그 위에 브레이드를 붙여주면 멋진 켄들을 만들 수 있다.

< 09

이번에는 볼의 바깥쪽에 골드리프 보조제를 칠해 준다.

< 10

그 위에 골드리프를 붙인다.

< 11

붙인 부분에 실러를 칠해 준다.

< 12

손가락을 이용해서 리프의 끝부분을 자연스럽게 두들겨 주면 작은 입자가 생기면서 자연스럽게 이어진다.

〈 13

볼 위쪽엔 브레이드를 붙여서 더욱 멋진 켄들을 만든다.

알/아/두/세/요

- 골드리프를 붙일 때는 1장을 통째로 붙이되 붙인 라인이 그대로 살면 안 된다.
- 작은 골드리프의 조각들을 붙여가며 리프가 자연스럽게 올라가도록 하는 것이 중요하다. 이때 촛불이 비칠 수 있도록 전체를 덮지 않도록 주의한다.
- 볼 뿐만 아니라 보석함이라든지 가구 다리 등 여러 곳에 이 같은 방법으로 붙이면 더욱 고급스러운 가구를 만들 수 있다.

20

냅킨 스토리
재미있는
냅킨 공예

napkin story

냅킨과 비누

< 01

비누를 준비하고 글씨가 쓰여 있는 부분은 사포로 문질러 없애준다.

< 02

비누에 붙일 냅킨을 가위로 오려서 다용도 미디엄을 이용해서 원하는 대로 붙여준다.

< 03

드라이기로 잘 말려준다.

< 04

스템프로 자연스럽게 찍어준다.

< 05

완성이 되면 알파 그로스를 30번 정도 바르거나 레진을 두껍게 2~3번 발라준다.
비누를 다 쓸 때까지 그림은 지워지지 않는다.

21

냅킨 스토리
재미있는
냅킨 공예

napkin story

블랙 대리석 초콜릿함

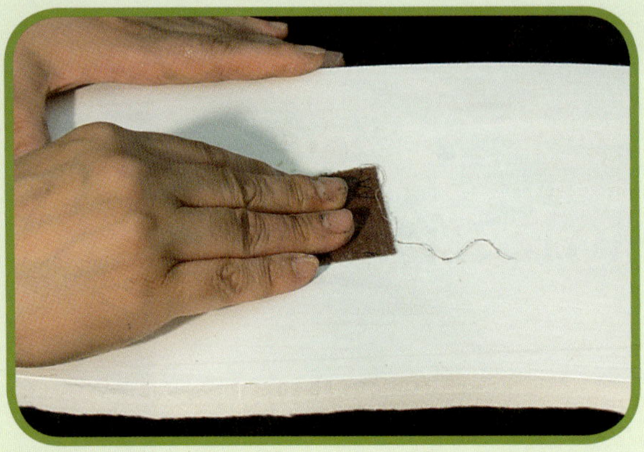

< 01

젯소를 칠하고 사포로 2~3번 문지른다.

< 02

사과 모양의 냅킨을 오려낸 후 다용도 미디엄을 이용해 붙인다.

< 03

나머지 부분을 블랙으로 2~3번 칠해준다.

< 04

위쪽은 블랙과 리타더를 섞어 칠해주고 메틸알코올을 칫솔에 묻혀 화이트색을 뿌려준다.

05

거위 털을 이용해서 화이트색으로 선을 그어준다.

06

마치 블랙 대리석 위에 사과가 놓여 있는 것처럼 보인다.
레진이나 그로스 바니시를 발라준다.

알/아/두/세/요

- 메틸알코올은 리타더가 없으면 절대 물감이 번지지 않는다.
- 리타더 없이 칫솔로 뿌려준다 해도 고운 입자 밖에 안 나타난다.
- 좀 더 화려하고 진짜 같은 대리석 느낌을 내고 싶다면 물감과 리타더는 반드시 넉넉히 사용해야 메틸알코올의 진가가 드러난다.

22

냅킨 스토리
재미있는
냅킨 공예

napkin story

실리콘을 이용한 입체꽃 스텐드

01

한지로 만들어진 스텐드를 준비하고 수국 냅킨을 잘 오려서 붙여준다.

02

붙인 냅킨 위에 그로스 바니시를 2~3번 칠해 준다.

03

수국꽃 한 송이 한 송이를 가위로 정교히 잘라준다.

04

실리콘을 준비하고 이쑤시개 등으로 수국에 붙일 꽃을 준비한다.

05

꽃잎 한 장 한 장을 붙여준다.
모든 꽃에 붙이지 말고 꽃잎이 4장인 것에만 붙인다.
꽃잎의 수를 많이 붙일수록 입체감이 더욱 살아난다.

06

꽃잎 한 장 한 장에 크리스탈 바니시로 칠해 주면 꽃잎이 처지지 않고 예쁘게 반짝이는 꽃이 된다.

07

스텐드 아래쪽에는 골드로 전체를 칠한다.

08

사포로 문질러서 약간 엔틱한 분위기를 만들어준다.

09

하이 그로스 스프레이 바니시로 전체 적으로 뿌려 마감한다.

알/아/두/세/요

- 수국 같은 꽃의 입체감을 줄 땐 꽃의 모양 부분만 올리지 말고 꽃의 다른 부분에도 자연스럽게 붙여주면 자연스러운 꽃 모양을 만들 수 있다.
- 실리콘의 재미는 입체적으로 튀어나오는 모양인데, 꽃보다는 정물이나 풍경, 인물 등에 쓰면 더욱 효과적인 멋을 느낄 수 있다.

23

냅킨 스토리
재미있는
냅킨 공예

napkin story

레진으로 여름 접시 만들기

01

약간 오목한 접시를 골라 흰색과 노란색을 무분별하게 칠해 준다.

02

접시에 붙일 여름 스타일의 냅킨을 골라서 물을 묻힌다.

03

손으로 조심스럽게 뜯어낸다.

04

다용도 미디엄을 골고루 접시에 바른다.

〈 05

스펀지로 잘 눌러 찍어준다.

〈 06

그 외 조개나 불가사리 냅킨을 오려서 더 풍성하게 붙여주고 다시 한 번 다용도 미디엄을 발라준다.

〈 07

냅킨에 그려진 모래 그림에 덧붙여서 로시에나와 번트 시에나를 쉐이딩하면서 모래 그림을 표현해준다.

〈 08

바닷가에서 주워온 진짜 조개와 불가사리에 색을 칠해서 오공본드로 붙여준다. 더 실감나게 여름 풍경을 만들어준다.

< 09

레진을 1:1로 섞어 컵에 따라준다.

< 10

잘 섞인 레진을 접시에 부어준다.

< 11

사이드 부분은 붓을 이용해서 레진을 칠한 후 일주일 정도 먼지가 묻지 않도록 상자 같은 곳에 넣어둔다.

24

냅킨 스토리
재미있는
냅킨 공예

napkin story

자개를 이용한 방법

< 01

노란색과 흰색을 1:2 정도 비율로 섞어서 칠해 준다.

< 02

냅킨의 필요한 부분을 가위로 정교하게 오려준다.

< 03

다용도 미디엄을 칠해 주고 마른 천을 이용해서 잘 붙도록 눌러주며 붙인다.

< 04

특히 잎사귀의 끝부분이 떨어지지 않도록 잘 말려준다.

05

장미의 가장 밝은 부분에 자개를 붙일 것이므로 그 부분에 필름지를 대고 도안을 뜬다.

06

사이즈에 맞춰 자개를 잘라준다.

07

자개는 쉽게 깨지기 때문에 뜨거운 물에 잠시 담가둔다.

08

자개가 부드러워지면 필름지에 뜬 도안에 대고 정교하게 잘라준다.

< 09

오공본드를 자개에 묻힌다.

< 10

도안을 그렸던 부분에 하나하나 붙여 준다.

< 11

장미의 사이드 부분은 로우시에나로 뒷배경은 약간 어둡게 칠해 준다.

< 12

장미꽃에 붙인 자개 모양에도 약간 붉은색으로 쉐도우를 해준다.

Tip 꼭 자개에 쉐이딩을 해줘야 진짜 장미처럼 어색하지 않고 자연스러운 자개 장미가 된다.

13

약간 빈 부분에는 초록색으로 잎사귀를 그려주기도 한다.
테두리 부분은 냅킨에 들어간 색을 기본으로 초록색과 핑크를 물에 섞어서 칠해 준다.

14

약간 젖은 천을 이용해서 물감과 물감을 자연스럽게 무늬가 나오도록 레그롤링(천을 말아서 돌려준다)해 준다.

15

레그롤링한 것이 거의 마르면 그 위에 흰색을 칠하고 다시 한 번 레그롤링해 준다.

16

레그롤링은 자신이 원하는 색이 나올 때까지 반복해서 해줄 수 있다.

< 17

원하는 색이 나오면 옆에는 골드를 칠해 준다.

< 18

그 위에 레진을 1:1로 혼합하여 잘 섞은 후 그림 위에 부어주고 젓가락이나 명함 등으로 쓸어주면서 칠해 준다.

알/아/두/세/요

- 자개와 골드리프만으로도 원하는 그림을 만들 수 있다.

25

냅킨 스토리
재미있는
냅킨 공예

napkin story

중탕 크랙을 이용한 보석함

〈 01

보석함 뚜껑에 붙일 냅킨을 가위로 오려준다.

〈 02

보석함은 전체를 블랙으로 칠해 준다.

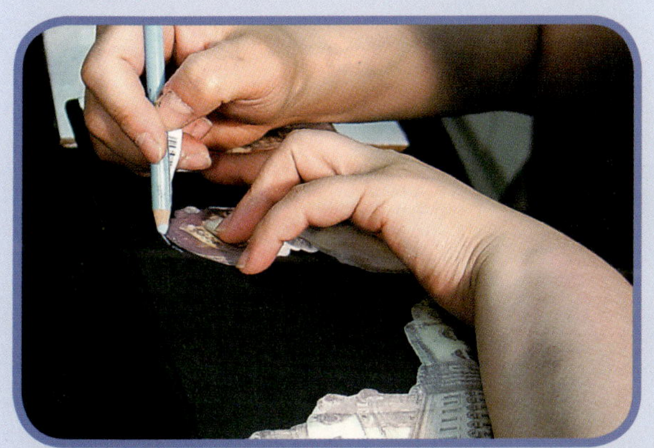

〈 03

그 위에 오려낸 냅킨을 대고 본을 뜬다.

〈 04

본을 뜬 모양에 화이트로 2번 칠해 준다.

< 05

완전히 건조시킨다.

< 06

다용도 미디엄을 바른 후 화이트로 칠해진 부분에 냅킨을 그대로 붙여 준다.

< 07

알파 그로스 바니시를 10번 이상 칠해 준다.
완전히 건조시킨다.

< 08

중탕 크랙클은 그냥 쓰기 어렵기 때문에 끓는 물에 몽글몽글한 게 없어질 때까지 끓여준다.

〈 09

중탕 크랙의 몽글거리는 것이 없어지면 그림 위에 부어준다.

〈 10

브러시로 칠해 줘도 되고 손가락을 이용해서 고르게 펴 주어도 된다.

〈 11

햇빛에 자연스럽게 말려도 되지만 드라이기를 이용해서 말려도 상관없다.

〈 12

크랙이 일어났다면 트렌스 골드에 테라핀을 헝겊에 묻혀서 칠해 준다.

13

손가락에 힘을 주어 꾹꾹 누른다는 느낌으로 발라줘야 한다.

14

덕지덕지 남은 크랙클은 수건을 뜨거운 물에 적셔서 그림 위에 잠시 덮어 둔다.

15

그런 다음 천천히 닦아준다.

16

잘게 깨진 중탕 크랙은 오래된 느낌의 그림으로 가장 멋스런 작업이다.

17

보석함 옆에는 마스킹 테이프를 양쪽으로 붙여준다.

18

해면 스펀지에 리치골드, 반 쿠퍼, 펄골드 순으로 찍어준다. 이때 바탕색 블랙을 보이게 찍어준다.

19

건조된 후 마스킹 테이프를 떼어준다.

알/아/두/세/요

- 중탕 크랙을 사용한 후에는 레진을 부어 주는 것이 훨씬 멋스런 작품이 될 수 있다.

26

냅킨 스토리
재미있는
냅킨 공예

napkin story

텍스처 페이스트를 이용한 방법 Ⅲ

< 01

뚜껑을 깨끗하게 사포하고 화이트로 칠해 준다.

< 02

꽃의 텍스처 페이스트를 할 부분에 먼저 먹지를 대고 본을 그려준다.

< 03

도트를 이용해서 밑의 수국은 빼고 장미만 그린다.

< 04

본을 뜬 장미 위에 텍스처 페이스트를 화이트와 섞어 붓으로 장미 형태를 올려준다.

05

완전히 마른 후 2~3번 정도 반복하면 자연스러운 장미 모양 형태가 된다.

06

이제 준비가 됐다면 냅킨의 제일 윗 부분을 뜯어낸다.

07

텍스처 페이스트를 올린 곳에는 오공 본드를 올리고 나머지 부분에는 다용도 미디엄을 발라준다.

08

그 위에 본을 뜬 부분을 그대로 올려주고 스펀지를 눌러 붙여준다.

< 09

완전히 마른 후에 나머지 부분은 손으로 뜯어낸다.

< 10

디테일한 부분은 사포를 이용해서 나머지 지저분한 부분을 제거해 준다.

< 11

스펀지를 이용해서 펄골드로 함 뚜껑 사이드 부분을 칠해 준다.

< 12

밑부분은 장미색과 비슷한 오렌지 또는 핑크색을 리타더 미디엄과 섞어 해면 스펀지로 찍어준다.

13

리타더와 화이트를 섞어 대리석 느낌이 나도록 터치하고 잘 말려준다.

알/아/두/세/요

- 리타더가 많을수록 해면에 묻힌 물감이 더 부드럽게 표현될 수 있다.
- 이런 기법을 쓸 때에는 위의 그림과 같은 색의 물감으로 칠해 주는 것이 더 자연스럽고 멋스럽다.

napkin story

클랙클 미디엄을 이용한 장미접시

27

냅킨 스토리
재미있는
냅킨 공예

〈 01

핑크색 바탕 컬러를 2번 정도 칠하고 잘 말린다.

〈 02

장미의 모양을 가위로 깨끗하게 오려 낸다.

〈 03

다용도 미디엄을 바른 후 구겨지지 않게 잘 펴주면서 붙인다.

〈 04

약간 젖은 수건을 이용해서 꼼꼼히 붙여준다.

05

그 위에 다용도 보조제를 다시 한 번 바른 후에 드라이기를 이용해서 말려준다.

06

꽃이 없는 부분은 브러시로 작은 꽃들을 그려준다.

07

꽃씨도 선명하게 노란색으로 찍어준다.

08

라이너 브러시를 이용해서 줄기를 그려 넣어준다.
마치 모든 그림이 내가 그린 것처럼 느껴진다.

〈 09

크랙클 미디엄을 그림 위에 바른 후 드라이기로 말려준다.

〈 10

번트 시에나를 그 위에 칠한다.

〈 11

약간 젖은 수건으로 가장 밝은 부분부터 닦아준다.
크랙이 간 자리에 물감이 스며들면서 엔틱한 분위기를 만들 수 있다.

알/아/두/세/요

- 유화로 그린 그림들은 시간이 지나면 자연스럽게 크랙 현상이 일어난다. 그렇게 오랜 세월과 함께 일어나는 크랙 현상을 크랙클 미디엄을 이용해 효과를 낼 수 있는 것이다.

napkin story

청바지에 마블라이징하기

28

냅킨 스토리
재미있는
냅킨 공예

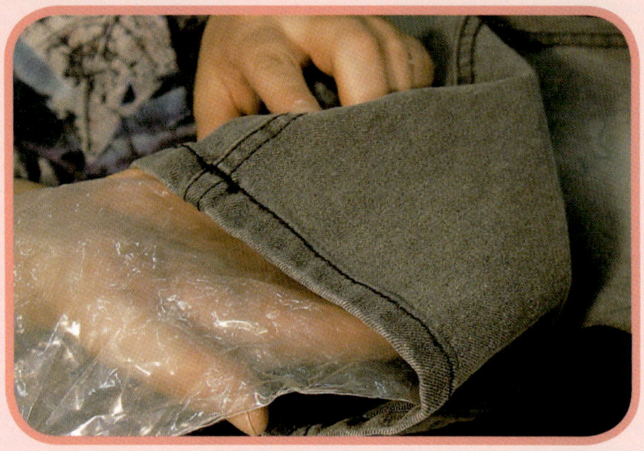

< 01

청바지 사이에 비닐봉지나 사포를 넣어둔다.

< 02

청바지에 붙일 얼룩말 모양의 냅킨을 손으로 찢어낸다.

< 03

찢어낸 얼룩말 냅킨을 붙일 자리에 대어 본다.

< 04

위치가 정해지면 수성 사인펜으로 형태를 그려준다.

< 05

붙일 부분에 화이트와 직물용 보조제를 섞어 칠해 준다.

< 06

그 위에 냅킨을 직물용 보조제로 잘 붙여준 뒤 붙일 냅킨에 2~3번 더 보조제를 칠해 준다.

< 07

반복해서 냅킨 붙일 곳에 칠해 준다.

< 08

마블링 스크너를 2시간 전에 마련하고, 수성 물감을 얼룩말 모양의 색인 블랙과 화이트를 떨어뜨리고 젓가락을 이용해서 모양을 만들어준다.

< 09

냅킨과 냅킨 사이에 물감이 잘 번지도록 준비한다.

< 10

15초 정도 그대로 담가둔다.

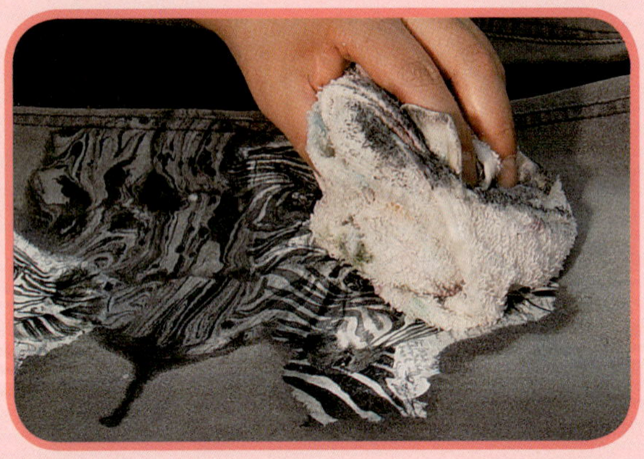

< 11

마블이 잘 나오면 그 위에 마른 천으로 나머지 물감을 닦아낸다.

< 12

초록색 반짝이를 냅킨과 마블을 한 곳에 칠해 주고 잘 말린다.
천을 덮고 다림질한 후 한 달 정도 있다가 손빨래를 해준다.

napkin story

냅킨과 그림 그리기

01

작은 병풍 모양의 반재에 화이트 또는 옐로우, 핑크를 칠해 준다.

02

냅킨을 가위로 잘라내고 병풍에 붙일 부분에 다용도 미디엄을 이용해서 붙인다.

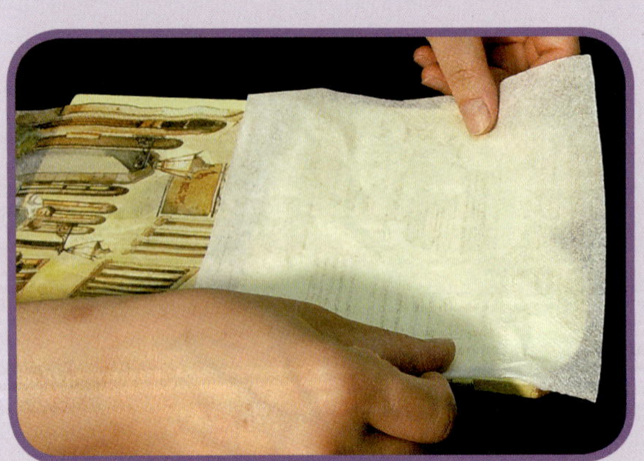

03

냅킨이 없는 위쪽은 냅킨의 뒷장을 이용해서 연결해서 붙인다.

04

냅킨이 마르면 손으로 뜯어내고 사포로 문질러서 깨끗하게 정리한다.

〈 05

냅킨의 위쪽 부분은 물감으로 하늘을 그려주어 마치 한 면에 냅킨을 붙인 것처럼 연결해 준다.

〈 06

하늘만 그리면 어색하기 때문에 창문도 평붓을 이용해 그려준다.

〈 07

병풍의 옆에는 리타더를 칠해 주고 옅은 핑크색과 화이트를 해면 스펀지로 찍어준다.

〈 08

그 위에 메틸알코올에 번트 시에나를 칫솔에 묻혀서 뿌려준다.
알코올이 없는 물감을 칫솔로 뿌려서 작은 입자의 터치감도 함께 느끼도록 한다.

< 09

냅킨 그림의 밑쪽에 계단을 그려주고 어두운 쉐이딩을 그려주면 냅킨이 아닌 내가 그린 그림처럼 보인다.

알/아/두/세/요

- 그림을 연결해 그려줄 때에는 너무 어렵게 생각하지 않아도 된다.
- 라운드 브러시로 계단 모양에 선을 그어주고 계단이 깨진 듯한 모양도 그려주면 된다.
- 이때 평붓으로 밝은 부분과 어두운 부분을 화이트와 엄버를 이용해서 쉐이딩해 주면 더욱 선명한 그림을 그릴 수 있다.

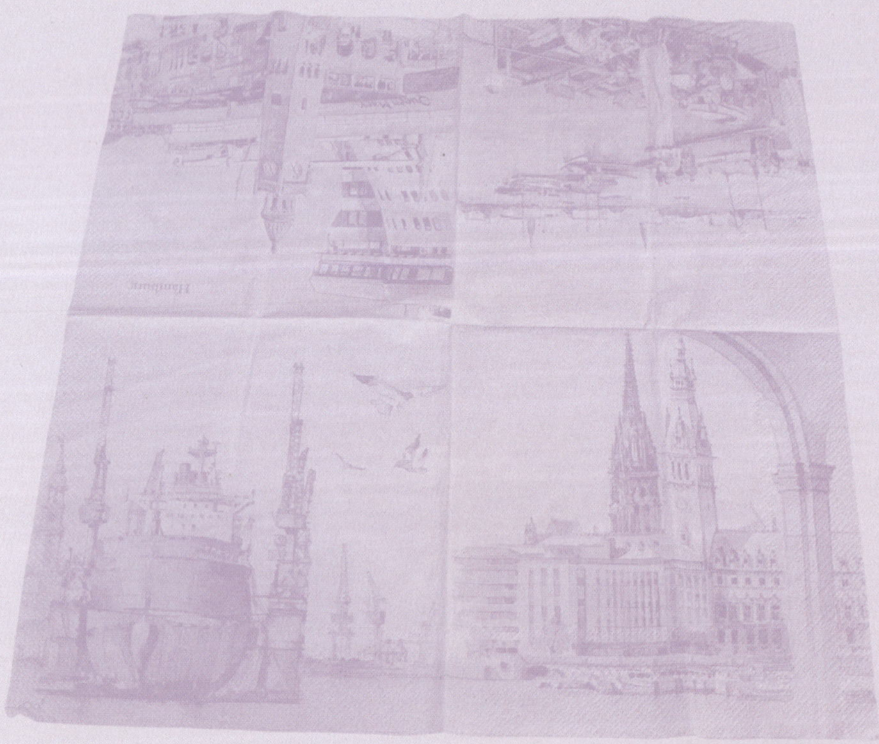

napkin story

크리스마스 카드를 이용한 촛대

01

화이트와 다용도 실러 또는 세라믹 미디엄을 1:1로 혼합해 나이프로 잘 섞어준다.

02

스펀지를 이용해서 초를 칠해 준다. 2~3번 반복하면 초에 물감이 더 유착되어 원하는 색의 물감을 얻을 수 있다.

03

지난 크리스마스 카드의 그림 윗부분에 알파 그로스 바니시를 8번 정도 칠해 준다.

04

완전히 마른 후 물에 넣어둔다.

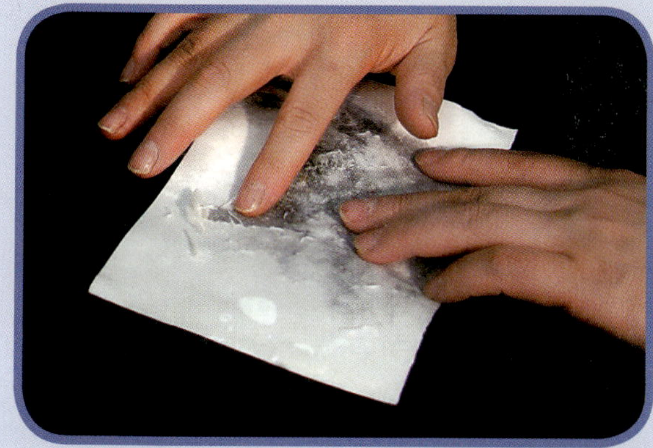

05

5~10분 경과한 후에 카드의 뒤쪽 부분을 손가락을 이용해서 문질러준다. 마치 얇은 냅킨처럼 된다.

06

완전히 건조시킨다.

07

원하는 모양을 가위로 오려낸다.

08

오공본드를 손가락으로 잘 펴바른다.

< 09

초의 밑부분에 붙여준다.

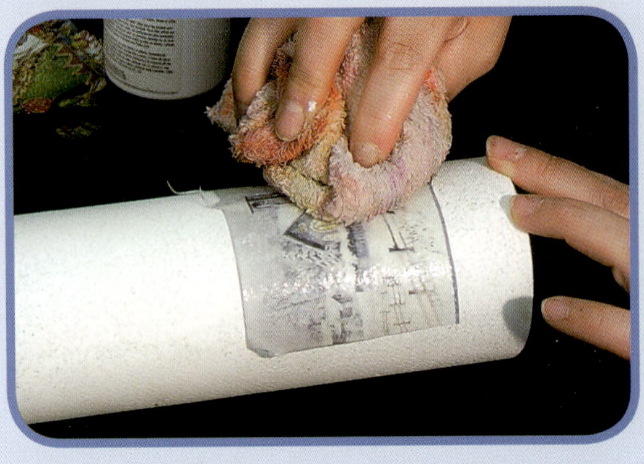

< 10

잘 붙을 수 있도록 젖은 수건으로 눌러준다.

< 11

초 부분에 장식할 그림을 가위로 오려준다.

< 12

잘라낸 크리스마스 띠를 초의 아랫부분에 다용도 미디엄으로 붙여준다.

< 13

그 외 부분에 장식할 냅킨을 오려준다.

< 14

모양이 적당히 잡혀지면 초 위에 스노우 텍스처를 붓을 이용해 두껍게 칠해 준다.

< 15

아래쪽에는 눈이 오는 것처럼 스노우 젤을 칠해 준다.

Tip 완전히 건조가 된 후에 알파그로스 바니시를 10회 이상 칠해 줘야 촛불을 붙여도 밖으로 흘러내리지 않는다.

! 알/아/두/세/요

- 원하는 냅킨이 없을 때에는 카드나 사진 또는 데코파쥬에 쓰이는 그림을 사용해도 멋진 작품을 얻을 수 있다.

31

냅킨 스토리
재미있는
냅킨 공예

napkin story

와인 박스 만들기

01

박스 전체에 골드 옥사이드를 2번 칠해 준다.

02

냅킨의 뒷장을 그림이 없는 위쪽에 붙인다.

03

그림이 있는 부분은 잘 오려서 아랫부분에 연결해서 붙인다.

04

냅킨이 없는 부분은 평붓으로 물감을 사용해 아래 그림의 모양을 연결해 그린다.

〈 05

어두운 부분을 그려준다.

〈 06

화이트로 밝은 명암도 그려준다.

〈 07

스템프를 중간 중간 찍어준다.

〈 08

박스의 뚜껑엔 포도와 같은 와인 박스에 어울리는 그림을 붙여준다.

〈 09

포도에는 펄 물감으로 한 번 더 색칠해 주고 냅킨 주위에는 조금 더 진한 와인색을 칠해 준다.

〈 10

스템프에 화이트 물감을 칠한 후 뚜껑에도 찍어준다.
나만의 멋진 와인 박스가 만들어진다.

napkin story

응용 작품 감상

천사 와인잔

데코 크랙을 이용한 편지꽂이

캔디 BOX

데코 크랙 보석함

커피 · 티 BOX

아이리스 요정 그림과 아이리스 냅킨의 조화

도자기를 이용한 시계

곰돌이 연필꽂이

종이를 구겨 붙인 물조리개 화분

달걀 껍질 시계

비누도 개성 시대!

냅킨과 그림의 절묘한 조화로 만든 다용도 벽걸이

래그놀링을 이용한 모자걸이

재미있는 냅킨 공예

냅킨 스토리

2012년 8월 31일 초판 1쇄 발행

저 자 한미경
발행인 이무형
발행처 태학원

신고번호 제406-2012-000070호(1988년 1월 25일)
주소 경기도 파주시 탄현면 장릉로 49번길 26, 나동
전화 02-719-6680, 02-715-3554
팩스 02-719-6681

가격 30,000원

ISBN 978-89-92832-60-1 13630